PHILLIPS BROOKS

STEFANIE REEB

wellCUISINE

SÜSS&GESUND WEIHNACHTEN

Neue Rezepte

KNAUR BALANCE

STEFANIE REEB

wellCUISINE

SÜSS&GESUND WEIHNACHTEN

Neue Rezepte

FOTOGRAFIEN VON
THOMAS LEININGER

KNAUR
BALANCE

INHALT

OH DU FRÖHLICHE PLÄTZCHENZEIT!

Als ich Familie und Freunden erzählte, dass ich ein neues Weihnachtsbackbuch schreibe, kam die immer gleiche Reaktion: »Noch eins? Fallen dir denn noch Rezepte ein?« Dieses Buch ist mein zweites Weihnachtsbackbuch, und wer weiß, vielleicht folgen ja noch weitere. Denn Weihnachten ist für mich eben Plätzchenzeit. Und von neuen Plätzchenrezepten kann ich nie genug bekommen.

Ich mag es, lieb gewonnenen Plätzchenklassikern einen neuen Geschmack zu verleihen oder sie gesünder zu machen durch vollwertige Zutaten. Deshalb enthält dieses Buch ein Kapitel für die »Nostalgiker« unter uns, die sich Weihnachten ohne Lebkuchenmänner einfach nicht vorstellen können.

Da ich es aber genauso spannend finde, ein bisschen Rock'n'Roll in die sonst so besinnliche Weihnachtszeit zu bringen, ist ein Kapitel den »Paradiesvögeln« unter den Keksen gewidmet. Schließlich spricht nichts dagegen, ein »Mini-Bounty« auf den Keksteller zu schmuggeln oder der Verwandtschaft einen Teller mit süßen »Weihnachtspommes mit Ketchup« anzubieten.

Gibt es etwas Schöneres, als in der Adventszeit einen selbst gebackenen Keks zum Nachmittagstee zu knabbern? Leider mangelt es uns oft an der Zeit, stundenlang in der Küche zu stehen und Plätzchen zu backen. Deshalb stelle ich dir im Kapitel »Helden der Stunde« meine schnellsten Rezepte vor, mit denen du ruckzuck eine feine Süßigkeit für dich und deine Lieben zubereiten kannst.

Wenn ich Plätzchen backe, dann möchte ich mit möglichst gesunden Zutaten ein leckeres Ergebnis erzielen. In diesem Buch sind deshalb alle Süßigkeiten vegan, die meisten gluten- oder getreidefrei und mit Ahornsirup oder Kokosblütenzucker gesüßt.

Ich wünsche dir eine frohe Adventszeit und hoffe, dass dir meine Rezepte das Weihnachtsfest auf gesunde Art versüßen. Und jetzt ran an die Plätzchen!

Alles Liebe
deine Stefanie

7 TIPPS FÜR GELUNGENE KEKSE

Backen ist wirklich eine Kategorie für sich. Das ist auch der Grund, warum selbst ambitionierte Köche oft zögerlich sind, wenn es ums Kuchen- oder Plätzchenbacken geht. Denn wenn ein Plätzchen aus dem Ofen kommt, schmeckt es entweder himmlich oder gar nicht – und man kann, anders als beim Kochen, dann auch nicht mehr viel daran ändern. Mit ein wenig Grundwissen und ein paar Kniffen gelingen die Kekse aber ganz bestimmt.

1. HALT DICH DRAN

Anders als beim Kochen ist es beim Backen viel schwieriger, zu improvisieren. Oder sagen wir so: Es kann ganz ordentlich schiefgehen. Und beim gesunden Backen ist die Gefahr, dass das Ergebnis – freundlich ausgedrückt – »anders« ist als erhofft, noch viel größer. Ich bin zwar selbst ein großer Freund des Freestyles, würde aber sehr empfehlen, nicht gerade dann damit anzufangen, wenn der Adventsbesuch in 20 Minuten vor der Tür steht. Also halte dich am besten so genau wie möglich ans Rezept und tausche nur dort Zutaten aus, wo sie als Alternative angegeben sind.

2. MISS DIE TEMPERATUR

Die Qualität deiner Plätzchen steht und fällt mit der richtigen Backtemperatur. Leider ist es allerdings so, dass die meisten Backöfen ziemlich ungenau sind und im Inneren nicht exakt die Temperatur erreichen, die außen am Rädchen oder auf dem Display angezeigt wird. Deshalb rate ich dir, ein einfaches und günstiges Ofenthermometer zu kaufen. So kannst du deinen Ofen und damit die Backzeit deiner Kekse besser einschätzen.

3. NIMM 2

Roher Plätzchenteig mag es gar nicht, wenn du ihn auf ein heißes Backblech legst. Er wird unförmig und später dann zu hart. Also halte immer ein zweites Blech parat, das abkühlen kann, während das andere im Ofen steckt.

4. SCHAU DOCH MAL REIN

Schau immer 2 bis 3 Minuten vor Ende der im Rezept angegebenen Backzeit in den Ofen, um sicherzugehen, dass die Plätzchen nicht anbrennen. Denn je nach Beschaffenheit des Ofens kann sich die Backzeit durchaus um einige Minuten verschieben (siehe 2.).

5. ACHTE AUF DEN »GLOW«

Wann sind deine Plätzchen fertig gebacken? Wenn sie diesen zarten, sonnengeküssten »Glow« haben und an den Kanten leicht gebräunt sind. Die Konsistenz der Plätzchen ist nicht immer entscheidend, weil viele Teigsorten zuerst weich sind und erst beim Abkühlen aushärten.

6. COOL DOWN

Lass die ofenfrischen Plätzchen zuerst 10 Minuten auf dem Backblech und dann vollständig auf einem Gitter abkühlen. So verhinderst du, dass die Plätzchen durch die Restwärme des Backblechs »schwitzen« und ihre Konsistenz verändern.

7. GIB JEDEM SEINEN RAUM

Damit Plätzchen und andere Süßigkeiten möglichst lange frisch und lecker bleiben, sollten sie am besten nach Sorten getrennt in luftdicht verschlossenen Glas-, Blech- oder Tupperdosen an einem kühlen Ort (zum Beispiel dem unbeheizten Schlafzimmer) aufbewahrt werden. Zwischen die Keks-Lagen Butterbrotpapier legen, damit nichts anklebt.

SO GEHT VEGANES BACKEN

Plätzchen backen ohne Eier und Milchprodukte kann anfangs ganz schön anspruchsvoll sein. Kekse werden bröselig statt knusprig, und der Zuckerguss hält auch nicht, oder? Glücklicherweise gibt es tolle pflanzliche Austauschstoffe, mit denen das vegane Gebäck zum vollen Erfolg wird und auch skeptische Familienmitglieder restlos überzeugt.

statt MILCH

Der Austausch von Kuhmilch ist beim veganen Backen denkbar einfach: Sie wird 1:1 gegen ungesüßte, pflanzliche Milch ausgetauscht. Zum Beispiel gegen Mandel- oder Hafermilch.

statt BUTTER

Beim Backen von veganen Keksen benutze ich am liebsten natives Kokosöl. Dieses kann in den meisten Rezepten die Butter ersetzen. Wer den Kokos-Geschmack nicht mag, tauscht es 1:1 gegen geschmacksneutrales Kokosfett aus.

statt EIERN

Der Austausch von Eiern ist der schwierigste Part beim veganen Backen, denn der Plätzchenteig soll schließlich gut abbinden und nach dem Backen schön knusprig werden. Bei Rezepten mit glutenhaltigem Mehl, wie zum Beispiel Dinkelmehl, ist ein Eiersatz oft nicht notwendig, bei glutenfreien Rezepten bedarf es allerdings meist eines Bindemittels:

CHIA- UND LEINSAMEN: Chia- und Leinsamen können sowohl in Keksen als auch in Kuchen die Eier ersetzen. Als Austausch für 1 Hühnerei einfach 1 EL Chiasamen (oder 1 EL geschrotete Leinsamen) mit 3 EL Wasser vermischen und 5 Minuten ruhen lassen, bis eine gelartige Masse entsteht. Für sehr feines Gebäck lohnt es sich, die Chia- oder Leinsamen vor der Verwendung fein zu mahlen.

APFELMUS: Ungesüßtes Apfelmus verwende ich gerne für saftigeres Gebäck. 3 EL Apfelmus ersetzen 1 Ei.

MAIS- UND TAPIOKASTÄRKE: Mais- und Tapiokastärke können im Keks- und Kuchenteig die Eier ersetzen. Tapiokastärke verwende ich besonders gern für knusprige Kekse, Maisstärke für weicheres Gebäck oder Puddingfüllungen und Cremes. Pro Ei 1 EL Stärke mit 2 EL Wasser vermischen.

AQUAFABA: Aquafaba ist die Flüssigkeit von Kichererbsen im Glas und seit einiger Zeit der neue Shootingstar am Himmel des veganen Backens. Aquafaba kann mit dem Handrührgerät wie Eiweiß aufgeschlagen werden und gibt Gebäckstücken Halt und gleichzeitig Luftigkeit. Aquafaba ist meine Zutat der Wahl, wenn es um die Herstellung von veganem Zuckerguss geht (siehe S. 88).

MEHLSORTEN MIT CHARAKTER

Einer meiner liebsten Aspekte des gesunden Backens sind die verschiedenen Mehlsorten, aus denen ich mich mit Lust und Genuss bediene. Denn Mehl ist wirklich nicht gleich Mehl, da jedes Getreide und jede Nuss ihren ganz eigenen Geschmack hat und dem Gebäck einen unverwechselbaren Charakter verleiht.

MANDELMEHL

Die wichtigste Info vorab: Mandelmehl ist NICHT dasselbe wie gemahlene Mandeln. Mandelmehl entsteht als Nebenprodukt bei der Gewinnung von Mandelöl. Das heißt, die Nüsse werden gepresst, und als Rest bleibt eine entölte Nussmasse zurück, die getrocknet und zu Mehl verarbeitet wird. Mandelmehl hat sehr gute Backeigenschaften und sogar etwas eigene »Klebkraft«. Da Mandelmehl trockener ist als gemahlene Mandeln, benötigt das Rezept mehr Flüssigkeit und Fett. Aus diesem Grund bitte nie gemahlene Mandeln gegen Mandelmehl austauschen.

GEMAHLENE MANDELN

Gemahlene Mandeln entstehen aus ganzen Nüssen, die fein vermahlen werden. Ob gemahlene Mandeln hell oder dunkel aussehen, richtet sich danach, ob die Mandeln vor der Verarbeitung blanchiert (also gehäutet) wurden oder nicht. Gemahlene Mandeln enthalten noch den vollen Ölgehalt der ganzen Nuss. Deshalb sollten sie auch möglichst rasch verbraucht werden, da sie leicht ranzig werden.

BUCHWEIZENMEHL

Buchweizenmehl ist ein gluten- und getreidefreies Mehl aus der Familie der Knöterichgewächse. Es verleiht Gebäck einen wunderbar nussigen Geschmack und macht es schön knusprig. Da es kein eigenes Klebereiweiß enthält, benötigt es in der Regel einen Gegenspieler, der klebende Eigenschaften hat, damit das fertige Gebäck gut zusammenhält.

TAPIOKASTÄRKE

Da glutenfreie Mehlsorten ein wenig »Kleber« benötigen, stelle ich ihnen gern Tapioka zur Seite, das diesen Job perfekt erledigt. Tapioka ist zu 100 % pflanzlich und wird aus der Wurzel einer Yucca-Palme namens Maniok gewonnen. In meinen Rezepten benutze ich die fein gemahlene Tapiokastärke, die aussieht wie Mehl. Ansonsten sind Tapiokaperlen weitverbreitet und werden für den berühmten »Bubble Tea« verwendet. Damit kann man allerdings nicht backen.

DINKEL- UND EMMERMEHL

Dinkel und Emmer gehören zur Sorte der Urgetreide. Im Vergleich zu moderneren Getreidesorten liefern Urgetreide nachweislich mehr Antioxidantien und entzündungshemmende Stoffe. Sie enthalten mehr B-Vitamine und Vitamin E sowie einen höheren Anteil an Mineralien – allesamt Faktoren, die vor chronischen Krankheiten schützen können. Eine Studie an der Universität Florenz fand heraus, dass der Verzehr von Urgetreide im Vergleich zu modernen Getreidesorten einen positiven Einfluss auf die Blutfettwerte, den Cholesterinspiegel, die Blutzuckerwerte und alle anderen Herz-Kreislauf-Marker hat.

Nostalgiker

Die Weihnachtszeit ist mit so vielen Erinnerungen, Ritualen und Traditionen verbunden. Und genau das macht sie auch so heimelig. Plätzchenklassiker aus der Kindheit werden uns für immer begleiten. Nur backen wir sie ab jetzt mit gesünderen Zutaten – und begründen damit eine ganz neue und wohltuende Tradition.

LEBKUCHENMÄNNER

Glutenfrei | Zeitaufwand: ca. 1 Stunde | Haltbarkeit: ca. 3 Wochen

Zutaten für ca. 9 Stück*:

1,5 EL Chiasamen
7,5 EL Wasser
200 g Medjool-Datteln, entkernt und grob gehackt
3 EL Ahornsirup, Grad A
90 g natives Kokosöl, geschmolzen
150 g Mandelmehl
90 g Buchweizenmehl
1,5 EL ungesüßtes Kakaopulver
1,5 EL Lebkuchengewürz
3 TL Zimt
1,5 TL Weinstein-Backpulver
1/2 TL Salz

Für die Glasur:
siehe S. 88

* Je nach Größe der Plätzchenausstecher

Den Backofen auf 180 °C Ober- und Unterhitze vorheizen.

Chiasamen mit Wasser anrühren und 5 Minuten quellen lassen. Dann zusammen mit Datteln, Ahornsirup und geschmolzenem Kokosöl in der Küchenmaschine oder im Häcksler pürieren.

Mandel- und Buchweizenmehl, Kakaopulver, Lebkuchengewürz, Zimt, Weinstein-Backpulver und Salz vermischen. Die flüssige Mischung hinzufügen und glatt verkneten.

Den Teig zwischen zwei Lagen Backpapier mit dem Wellholz ca. 0,6 cm dick auswellen. Mit großen Plätzchenausstechern Formen ausstechen und vorsichtig auf ein mit Backpapier ausgelegtes Backblech legen.

Die Teigreste wieder zur Kugel formen und zwischen den Backpapieren erneut auswellen und mit Formen ausstechen, bis der ganze Teig verarbeitet ist.

Circa 8 Minuten backen. Die Lebkuchen sind noch weich, wenn sie aus dem Ofen kommen, und härten später nach. Sie sollten auf jeden Fall nicht zu lange gebacken werden, da sie dann zu hart werden.

Die Lebkuchenmänner nach Bedarf mit veganer Keksglasur verzieren (siehe S. 88).

JOSEPH MÖHR

SPRINGERLE

Glutenfrei | Zeitaufwand: ca. 30 Minuten | Haltbarkeit: ca. 2 Wochen

Zutaten für ca. 24 Stück:

2 TL Anis
200 g gemahlene Mandeln
20 g Tapiokastärke
1/4 TL Salz
abgeriebene Schale von 1 Bio-Zitrone
60 g weißes Mandelmus
60 ml Ahornsirup, Grad A

Den Backofen auf 180 °C Ober- und Unterhitze vorheizen.

Den Anis kurz in einer Pfanne ohne Fett anrösten, bis er zu duften beginnt.

In einer Schüssel den Anis mit gemahlenen Mandeln, Tapiokastärke, Salz, Zitronenschale, Mandelmus und Ahornsirup zuerst mit einem Löffel, dann mit den Händen vermischen.

Ein Backblech mit Backpapier auslegen. Teelöffelgroße Portionen des Teigs entnehmen und mit leicht befeuchteten Händen zu Kugeln formen. Die Kugeln auf das Backpapier legen und zu 1 cm dicken Scheiben drücken.

Einen Holzstempel oder Keksstempel (am besten funktionieren einfache Formen) befeuchten und fest auf die Teigoberfläche drücken. Alternativ mit der Rückseite einer Gabel ein Muster auf die Keksoberfläche drücken.

Die Plätzchen ca. 8–10 Minuten backen, bis sie an den Kanten leicht gebräunt sind. Zwischendurch kontrollieren, dass die Unterseite nicht zu dunkel wird. Aus dem Ofen nehmen und komplett abkühlen lassen.

Die Plätzchen luftdicht verschlossen bei Zimmertemperatur aufbewahren.

FOOD PHARMACY **ANIS**

»Anis erfreut die Seele« – das hat schon Hildegard von Bingen gewusst. Denn Anis beruhigt nicht nur den Magen nach einem ausführlichen Festtagsessen, sondern soll auch eine aphrodisierende Wirkung haben. In alten Zeiten bereiteten deshalb Frauen ihren Männern zur Herbst- und Winterzeit anishaltige Nahrung und Getränke zu, damit diese nach getaner Feldarbeit wieder munter wurden.

SCHOKO-ORANGEN-KIPFERL

Optional glutenfrei | Zeitaufwand: ca. 1 Stunde plus 30 Minuten Kühlzeit | Haltbarkeit: ca. 3 Wochen

Zutaten für ca. 46 Stück:

200 g Dinkelvollkornmehl (alternativ: meine glutenfreie Mehlmischung, siehe S. 87)
100 g gemahlene Haselnüsse
30 g ungesüßtes Kakaopulver
abgeriebene Schale von 1 Bio-Orange
1/3 TL Salz
160 g natives Kokosöl, streichfähig bei Zimmertemperatur
100 ml Ahornsirup, Grad A
50 g Zartbitterschokolade mit Orangengeschmack (gekauft oder selbst gemacht, siehe S. 84 plus 1/2 TL Orangenöl)

Alle Zutaten außer der Zartbitterschokolade zu einem glatten Teig vermischen. Den Teig zur Kugel formen, in Folie einwickeln, flach drücken und eine halbe Stunde in den Kühlschrank legen.

Den Backofen auf 180 °C Ober- und Unterhitze vorheizen.

Ein Backblech mit Backpapier auslegen und je Kipferl 1/2 Esslöffel Teig entnehmen, mit den Händen zu einer Wurst rollen, aufs Backblech legen und zum Halbmond formen.

Die Kipferl ca. 12 Minuten backen. Aus dem Ofen nehmen und abkühlen lassen.

Die Schokolade im Wasserbad schmelzen. Der selbst gemachten Schokolade von S. 84 einen 1/2 Teelöffel Orangenöl hinzufügen. Jedes Kipferl zur Hälfte rundum mit Schokolade bestreichen. Zurück auf ein Backpapier legen und die Schokolade aushärten lassen.

FOOD FACT **KIPFERL**

Kipferl sind ein traditionelles deutsch-österreichisch-böhmisches Weihnachtsgebäck in Bogenform. Die Legende sagt, dass ihr Ursprung in der heidnischen Kultur liegt und sie später vom Christentum für das Weihnachtsfest zuerst toleriert und dann komplett übernommen wurden. Im Kochbuch »für Anfängerinnen und praktische Köchinnen« aus dem Jahr 1911 findet sich einer der ersten noch erhaltenen Rezepteinträge für Vanillekipferl, die traditionell aus Mehl, Butter, Mandeln, Zucker und Vanille bestehen.

PEPPARKAKOR (PFEFFERKUCHEN)

Glutenfrei | Zeitaufwand: ca. 1 Stunde plus 2 Stunden Kühlzeit | Haltbarkeit: ca. 3 Wochen

Die Chiasamen mit dem Wasser vermengen und ca. 5 Minuten in den Kühlschrank stellen.

Die Chia-Mischung mit den anderen Zutaten in einer Schüssel glatt vermischen. Den Teig in zwei Hälften teilen, jeweils zur Kugel formen, in Folie wickeln, flach drücken und mindestens 2 Stunden in den Kühlschrank legen.

Den Backofen auf 180 °C Ober- und Unterhitze vorheizen.

Die erste Teigkugel zwischen zwei Stück Backpapier ca. 1/2 cm dick auswellen und mit einem Keksausstecher Plätzchen ausstechen. Mithilfe eines Buttermessers auf ein mit Backpapier ausgelegtes Backblech legen. Möglichst schnell arbeiten, denn wenn der Teig warm wird, ist er schwerer zu verarbeiten. Sobald die erste Teigfläche ausgestochen ist, den Teig erneut auswellen und den Vorgang so lange wiederholen, bis der gesamte Teig zu Plätzchen verarbeitet ist. Die zweite Teigkugel erst aus dem Kühlschrank holen, wenn die erste Teigportion vollständig verarbeitet ist.

Die Kekse ca. 10–12 Minuten backen.

Die komplett abgekühlten Kekse mithilfe eines feinen Pinsels mit der Glasur verzieren und trocknen lassen. Die glasierten Kekse nicht übereinander stapeln, da die Glasur leicht beschädigt werden kann.

Zutaten für ca. 36 Stück:

1 EL Chiasamen, gemahlen*
2 EL Wasser
170 g Buchweizenmehl
60 g Mandelmehl
60 g Kokosblütenzucker
4 TL gemahlener Ingwer
4 TL Zimt
1/2 TL Salz
120 g natives Kokosöl, streichfähig bei Zimmertemperatur
100 ml Ahornsirup, Grad A

Für die Glasur:
siehe S. 88

* Chiasamen in der Küchenmaschine fein mahlen. Gegebenenfalls gleich eine größere Menge zubereiten.

FLORENTINER

Glutenfrei | Zeitaufwand: ca. 1 Stunde | Haltbarkeit: ca. 3 Wochen

Zutaten für ca. 20 Stück:

120 g Mandelblättchen
60 g gemahlene Mandeln
30 g Tapiokastärke
abgeriebene Schale von 1 Bio-Orange
1/2 TL Salz
30 g getrocknete Cranberrys, grob gehackt
50 g natives Kokosöl
4 EL Ahornsirup, Grad A
50 g Kokosblütenzucker
50 g Zartbitterschokolade (gekauft oder selbst gemacht, siehe S. 84)

Den Backofen auf 180 °C Ober- und Unterhitze vorheizen.

In einer Schüssel Mandelblättchen, gemahlene Mandeln, Tapiokastärke, Orangenschale, Salz und gehackte Cranberrys vermischen.

In einem kleinen Topf Kokosöl, Ahornsirup und Kokosblütenzucker erhitzen, bis die Mischung zu blubbern beginnt. Die Hitze reduzieren und unter Rühren 2 Minuten köcheln lassen. Zu den anderen Zutaten in der Schüssel geben, gut vermischen und sofort weiterverarbeiten, da die Masse hart wird, wenn sie abkühlt.

Ein Backblech mit Backpapier auslegen. Portionen in der Größe eines 3/4 Esslöffels entnehmen, aufs Backblech setzen und mit den leicht befeuchteten Händen flach drücken und in eine runde Form bringen. 7–8 Minuten auf der mittleren Schiene backen, bis die Kekse leicht gebräunt sind. Der Teig ist jetzt noch weich, wird beim Abkühlen aber härter. Die Kekse komplett abkühlen lassen.

Die Schokolade im Wasserbad schmelzen. Mithilfe eines Pinsels den Boden jedes Florentiners mit Schokolade einpinseln. Mit der Schokoladenseite nach oben auf ein Backpapier setzen und aushärten lassen. In einem luftdicht verschlossenen Behälter im Kühlschrank aufbewahren.

noel

MAGENBROT

Glutenfrei | Zeitaufwand: ca. 1 Stunde | Haltbarkeit: ca. 3 Wochen

Zutaten für ca. 40 Stück:

Für den Teig:
150 g gemahlene Haselnüsse
150 g gemahlene Mandeln
2 TL Weinstein-Backpulver
2 TL Zimt
2 TL Lebkuchengewürz (siehe S. 87)
1/2 TL Salz
80 g Mandelmus
100 ml Ahornsirup, Grad A

Für die Glasur:
150 g selbst gemachte Zartbitterschokolade (siehe S. 84)

Den Backofen auf 180 °C Ober- und Unterhitze vorheizen.

Alle Zutaten für den Teig in einer Schüssel glatt vermischen. Den Teig zu 4 Rollen à jeweils 25 cm Länge formen und auf ein mit Backpapier ausgelegtes Backblech setzen. Circa 13–15 Minuten backen, bis der Teig leicht gebräunt ist. Aus dem Ofen nehmen und ca. 15 Minuten abkühlen lassen. Die lauwarmen Rollen mit einem scharfen Messer schräg in ca. 2 cm breite Stücke schneiden. Vollständig abkühlen lassen.

Die Schokolade für die Glasur im Wasserbad schmelzen. Die Hälfte der Magenbrotstücke in eine Schüssel geben und mit der Hälfte der Glasur übergießen. Gut vermischen, bis alle Stücke vollständig mit Glasur bedeckt sind. Auf ein mit Backpapier ausgelegtes Backblech setzen und komplett abkühlen lassen. Die zweite Hälfte des Gebäcks genauso verarbeiten.

FOOD FACT **MAGENBROT**

Magenbrot gehört genauso zu den Volksfesten der Schweiz und Süddeutschlands wie Bier und gebrannte Mandeln. Es enthält viele Gewürze, die die Verdauung unterstützen – daher vermutlich der Name »Magenbrot«. Darüber hinaus steckt im Teig normalerweise nicht viel Kostbares drin. Schließlich ist Magenbrot ein einfaches und preiswertes Jahrmarktsgebäck. Das ändert sich allerdings mit diesem Rezept, das sich auf die Herkunft des Magenbrots aus der Familie der Lebkuchen mit hohem Nussanteil besinnt und in diesem Fall ganz ohne Getreide und weißen Zucker auskommt.

KLEINE EMMER-FRÜCHTEBROTE

Zeitaufwand: ca. 1 Stunde plus ca. 1,5 Stunden Wartezeit | Haltbarkeit: ca. 2 Wochen

Zutaten für 4 Stück:

150 g getrocknete Pflaumen
150 g getrocknete Feigen
150 g getrocknete Aprikosen
150 g Sultaninen
200 ml Apfelsaft
300 ml Wasser
1/2 Würfel frische Hefe (21 g)
100 ml handwarmes Wasser
1 EL Ahornsirup, Grad A
300 g Emmer-Vollkornmehl
150 g Walnüsse, gehackt
100 g gehackte Mandeln
2 EL Zimt
1/2 TL Salz
20 g natives Kokosöl, geschmolzen
32 blanchierte Mandeln

Für die Glasur:

1/2 TL Maisstärke
5 EL Apfelsaft

Trockenfrüchte mit Apfelsaft und Wasser in einem Topf zum Kochen bringen. Vom Herd nehmen und abgedeckt 15 Minuten quellen lassen. Die Früchte absieben und den Sud auffangen. 100 ml des Suds abmessen und zur Seite stellen (den Rest des Suds brauchen wir nicht mehr). Die Früchte abkühlen lassen.

Hefe mit handwarmem Wasser und Ahornsirup vermischen und 10 Minuten ruhen lassen.

Das Emmer-Vollkornmehl mit Walnüssen, Mandeln, Zimt und Salz vermischen. Die angerührte Hefe, 100 ml Obstsud, Trockenfrüchte und geschmolzenes Kokosöl untermengen und gut verkneten. Abgedeckt 1 Stunde ruhen lassen.

Den Teig kurz durchkneten, in 4 Portionen teilen und mit befeuchteten Händen Brote formen. Mit jeweils 8 Mandeln verzieren. Auf einem mit Backpapier ausgelegten Backblech 30 Minuten ruhen lassen.

Den Backofen auf 180 °C Ober- und Unterhitze vorheizen.

Die Brote ca. 45 Minuten backen. Gegebenenfalls die letzten 15 Minuten mit Backpapier abdecken, damit sie nicht zu dunkel werden.

Für die Glasur Maisstärke und Apfelsaft vermischen und unter Rühren erhitzen. Die noch heißen Brote mit der Glasur einstreichen.

BÄRENTATZEN

Glutenfrei | Zeitaufwand: ca. 1 Stunde | Haltbarkeit: ca. 3 Wochen

Den Backofen auf 180 °C Ober-und Unterhitze vorheizen.

Gemahlene Mandeln, Mandelmehl, Kakaopulver, Zimt, Lebkuchengewürz, Zitronenschale, Salz, Kokosöl und Ahornsirup in einer Schüssel zuerst mit einem Löffel, dann mit den Händen zu einem glatten Teig verkneten.

Ein Backblech mit Backpapier auslegen und Teigportionen in der Größe eines 1/2 Esslöffels entnehmen, zu Ovalen formen und aufs Backpapier legen. Mit der Rückseite einer Gabel ein Tatzenmuster auf den Teig drücken, dabei zu einer Seite hin stärker eindrücken, sodass sich der Teig etwas absenkt. Circa 10 Minuten auf mittlerer Schiene backen.

Die Kekse komplett abkühlen lassen. Die Schokolade im Wasserbad schmelzen. Mithilfe eines Pinsels die Kekse zu einem Drittel mit Schokolade bestreichen (die Seite, die weniger stark eingedrückt ist). Die Schokolade leicht antrocknen lassen, dann mit Birkenzucker bestreuen.

Zutaten für ca. 30 Stück:

160 g gemahlene Mandeln
40 g Mandelmehl
30 g ungesüßtes Kakaopulver
1 TL Zimt
1 TL Lebkuchengewürz (siehe S. 87)
abgeriebene Schale von 1 Bio-Zitrone
1/4 TL Salz
80 g natives Kokosöl, streichfähig bei Zimmertemperatur
60 ml Ahornsirup, Grad A
50 g Zartbitterschokolade (gekauft oder selbst gemacht, siehe S. 84)
1 TL Birkenzucker

FOOD FACT **BÄRENTATZEN**

Bärentatzen erinnern mich an meine Großmutter, die dieses Gebäck Jahr für Jahr in großen Blechdosen im Treppenhaus stapelte. Bärentatzen wurden in Deutschland vermutlich von der Hugenottenfamilie Facompré eingeführt, die 1791 wegen ihres Glaubens aus Frankreich vertrieben wurde und im deutschen Nienburg eine Bärentatzen-Manufaktur eröffnete.

FOOD FACT **LUCIA-BRÖTCHEN (LUSSEKATTER)**

Am 13. Dezember findet in Schweden das Luciafest statt. Es zelebriert die Wintersonnenwende, die in der Vergangenheit traditionell etwas früher als heute gefeiert wurde. Der Tag ist der heiligen Lucia gewidmet, von der erzählt wird, dass sie Verfolgten und Kranken beistand und, um die Hände frei zu haben, einen Lichterkranz auf dem Kopf trug. Anscheinend aß Lucia auch gerne süßes Gebäck, denn bis heute gibt es am 13. Dezember in ganz Schweden Lucia-Brötchen.

LUCIA-BRÖTCHEN MIT ZIMT-»BUTTER«

Zeitaufwand: ca. 1 Stunde plus 1,5 Stunden Wartezeit | Haltbarkeit: ca. 3 Tage

Mandelmilch lauwarm erwärmen und in einer Schüssel mit zerbröckelter Hefe, Ahornsirup und Safran vermischen. 5 Minuten ruhen lassen.

Dinkelmehl in einer großen Schüssel mit geschmolzenem Kokosöl und Salz vermischen, die Hefemischung hinzufügen und 3 Minuten zu einem glatten Teig verkneten. Die Schüssel mit einem Geschirrtuch abdecken und den Teig an einem warmen Ort 1 Stunde gehen lassen.

Den Teig in 8 Portionen teilen und zu fingerdicken, ca. 20 cm langen Strängen rollen. Die Enden der Stränge in die jeweils entgegengesetzte Richtung einrollen, sodass sich eine S-Form ergibt. Auf ein mit Backpapier ausgelegtes Backblech legen und 20 Minuten gehen lassen.

Den Backofen auf 220 °C Ober- und Unterhitze vorheizen.

In beide Kringel der Brötchen jeweils 1 Rosine drücken und auf der mittleren Schiene ca. 10 Minuten backen. Aus dem Ofen nehmen und direkt mit geschmolzenem Kokosöl einpinseln.

Für die Zimt-»Butter« alle Zutaten glatt vermischen und kühl aufbewahren.

Zutaten für 8 Stück:

Für den Teig:

100 ml ungesüßte Mandelmilch
1/2 Päckchen frische Hefe (21 g)
3 EL Ahornsirup, Grad A
1 Messerspitze gemahlener Safran
250 g Dinkelmehl, Type 1050
30 g natives Kokosöl, geschmolzen
1/4 TL Salz
16 Rosinen

Zum Bestreichen:

1/2 EL natives Kokosöl, geschmolzen

Für die Zimt-»Butter«:

60 g natives Kokosöl, streichfähig bei Zimmertemperatur
30 g weißes Mandelmus
1/2 EL Ahornsirup, Grad A
2 TL Zimt

duæ tabulæ.

Paradiesvögel

Damit der Advent nicht zu besinnlich wird, habe ich mir ein paar neue Rezepte ausgedacht, die deinen Plätzchenteller kräftig aufmischen. Schließlich ist Weihnachten ein Fest der Freude – und diese Kreationen machen Spaß!

SNICKER-PLÄTZCHEN

Optional glutenfrei | Zeitaufwand: ca. 1 Stunde plus 30 Minuten Kühlzeit | Haltbarkeit: ca. 3 Wochen

Zutaten für ca. 48 Stück:

Für die Keksschicht:
200 g Hafermehl (optional glutenfrei)
30 g Kokosblütenzucker
1/2 TL Salz
80 ml Ahornsirup, Grad A
100 g natives Kokosöl, streichfähig bei Zimmertemperatur

Für die Erdnussschicht:
200 g Erdnussbutter, ungesüßt
2 EL Ahornsirup, Grad A
1/2 TL Salz

Für die Beschichtung:
160 g Zartbitterschokolade (gekauft oder selbst gemacht, siehe S. 84)
50 g geröstete und gesalzene Erdnüsse, grob gehackt

Alle Zutaten für die Keksschicht glatt vermischen. Den Teig in Folie einwickeln und flach drücken. 30 Minuten in den Kühlschrank legen.

Den Backofen auf 180 °C Ober- und Unterhitze vorheizen.

Teelöffelgroße Portionen des Teigs entnehmen, mit leicht befeuchteten Händen zur Kugel formen, auf ein mit Backpapier ausgelegtes Backblech setzen und flach drücken. Circa 10 Minuten backen, bis die Kekse an den Rändern leicht gebräunt sind. Komplett abkühlen lassen.

Alle Zutaten für die Erdnussschicht glatt verrühren. 1/3 Teelöffel der Creme mittig auf jeden Keks setzen. Dann den Keks in die linke Hand nehmen, die rechte Hand leicht befeuchten und die Erdnussschicht mit den Fingern glatt auf der Keksoberfläche verteilen.

Die Schokolade für die Beschichtung im Wasserbad schmelzen. Jeden Keks mit einem Pinsel rundum mit Schokolade bestreichen. Ist die Erdnussschicht so flüssig, dass sich die Schokolade schwer darauf verteilen lässt, die Kekse zuerst 30 Minuten tiefkühlen.

Die Plätzchen zurück aufs Backpapier setzen. Mit gehackten Erdnüssen bestreuen. Die Schokolade fest werden lassen.

ZITRONEN-SCHNEEBÄLLE

Glutenfrei | Zeitaufwand: ca. 30 Minuten plus 1 Stunde Kühlzeit | Haltbarkeit: ca. 3 Wochen

Zutaten für ca. 36 Stück:

160 g Cashewkerne
60 g Kokosraspel plus 4 EL zum Bestäuben
abgeriebene Schale von 2 Bio-Zitronen
60 ml frisch gepresster Zitronensaft
60 ml Ahornsirup, Grad A
30 g natives Kokosöl, geschmolzen
1/4 TL Kurkuma

Alle Zutaten außer den Kokosraspeln zum Bestäuben in der Küchenmaschine oder im Häcksler pürieren. Zwischendurch die Masse mit einem Löffel von den Wänden der Maschine schaben, bis alles zu einer leicht stückigen Creme verarbeitet ist. 1 Stunde in den Kühlschrank stellen.

Die Kokosraspel zum Bestäuben auf einen Teller geben.

Die Masse einmal gut durchkneten, dann teelöffelgroße Portionen entnehmen, zu Kugeln formen und in den Kokosraspeln wälzen.

Die Zitronen-Schneebälle in einem luftdicht verschlossenen Behälter im Kühlschrank aufbewahren.

FOOD PHARMACY **ZITRONENSCHALE**

Zitronenschale gehört zum Gesündesten, was du in der Winterzeit essen kannst. Sie enthält nicht nur 5- bis 10-mal so viele Vitamine wie ihr Saft, sondern macht auch unseren Körper basischer, fördert den Fettabbau, schützt unsere Zellen, hemmt Entzündungen und verbessert die Verdauung.

Was die wenigsten wissen: Zitronen lassen sich auch gut einfrieren. Falls du gerade besonders schöne Zitronen siehst (vielleicht auch im Urlaub), kannst du ruhig ein paar mehr kaufen und sie einfrieren. Vorher wäschst du die Zitronen, trocknest sie ab und frierst sie im Gefrierbeutel ein. Du kannst die Zitronen dann direkt aus dem Tiefkühler nehmen und ihre Schale abreiben.

SCHOKO-TALER

Glutenfrei | Zeitaufwand: ca. 20 Minuten plus 2 Stunden Kühlzeit | Haltbarkeit: ca. 4 Wochen

Zutaten für ca. 18 Stück:

70 g Zartbitterschokolade (gekauft oder selbst gemacht, siehe S. 84)
70 g weiße Schokolade (gekauft oder selbst gemacht, siehe S. 84)*

Zum Bestreuen kleine Mengen von:

- gerösteten und gesalzenen Erdnusshälften
- Walnusshälften
- Cranberrys
- Kokosflakes

* Mit gekaufter weißer Schokolade wird die Oberfläche etwas glatter und »perfekter« als mit selbst gemachter.

Beide Schokoladensorten im Wasserbad schmelzen.

Zwei Mini-Muffinformen aus Silikon mit jeweils ca. 9 Mulden verwenden und die Schokolade nach Sorten getrennt ca. 0,6 cm hoch in die Form gießen.

Mit Nüssen, Cranberrys oder Kokosflakes verzieren oder mithilfe einer Gabel mit der jeweils anderen Schokoladensorte Linien und Punkte auf die Oberfläche klecksen.

Circa 30 Minuten bei Zimmertemperatur, dann weitere 1,5 Stunden im Kühlschrank fest werden lassen. Erst wenn die Taler komplett fest sind, aus der Silikonform lösen.

In einem luftdicht verschlossenen Behälter kühl aufbewahren.

WEIHNACHTSPOMMES MIT KETCHUP

Optional glutenfrei | Zeitaufwand: ca. 1 Stunde plus 1 Stunde Kühlzeit | Haltbarkeit: ca. 1 Woche

Zutaten für ca. 30 Stück:

Für die »Pommes«:
100 g Dinkelmehl, Type 1050 (alternativ: meine glutenfreie Mehlmischung, siehe S. 87)
50 g gemahlene Mandeln
1/4 TL Salz
70 g natives Kokosöl, streichfähig bei Zimmertemperatur
40 ml Ahornsirup, Grad A
1/2 TL Zitronenöl*
2 TL Birkenpuderzucker (siehe S. 87)

Für den »Ketchup«:
200 g Tiefkühlhimbeeren, aufgetaut
2 EL Ahornsirup, Grad A
1 EL gemahlene Chiasamen

* Wird in kleinen Röhrchen in der Backabteilung im Bioladen verkauft

Alle Zutaten für die »Pommes« bis auf den Birkenpuderzucker glatt verkneten. Den Teig zur Kugel formen, in Folie einwickeln, flach drücken und 1 Stunde in den Kühlschrank legen.

Für den »Ketchup« die Himbeeren mit den übrigen Zutaten in einem Topf erhitzen. Unter Rühren 5 Minuten köcheln lassen. Im Häcksler oder in der Küchenmaschine pürieren. Im Kühlschrank abkühlen lassen.

Den Backofen auf 180 °C Ober- und Unterhitze vorheizen.

Ein Backblech mit Backpapier auslegen. Den Keksteig in zwei Hälften teilen, zu Rollen formen, auf das Backpapier setzen, mit einem weiteren Backpapier abdecken und mit dem Wellholz zu zwei ca. 15×7 cm großen Rechtecken auswellen.

Mit einem scharfen Messer ca. 1 cm breite und 7 cm lange »Pommes« schneiden. Nicht voneinander trennen. Circa 10 Minuten backen, bis der Teig an den Rändern leicht gebräunt ist. 10 Minuten abkühlen lassen. Dann mit einem scharfen Messer die Schnitte nochmals nachziehen, die »Pommes« voneinander trennen und weitere 3 Minuten backen. Abkühlen lassen.

Die »Pommes« mit Birkenpuderzucker bestäuben und mit dem »Ketchup« servieren.

JACKSON-POLLOCK-PLÄTZCHEN

Optional glutenfrei | Zeitaufwand: 40 Minuten plus 2 Stunden Kühlzeit | Haltbarkeit: 3 Wochen

Zutaten für ca. 28 Stück:

100 g Mandelmehl
100 g Dinkelmehl, Type 1050 (alternativ: meine glutenfreie Mehlmischung, siehe S. 87)
1/2 TL Salz
100 g natives Kokosöl, streichfähig bei Zimmertemperatur
60 ml Ahornsirup, Grad A
1/2 TL Bittermandelaroma
60 g Zartbitterschokolade (gekauft oder selbst gemacht, siehe S. 84)

Mandel- und Dinkelmehl, Salz, Kokosöl, Ahornsirup und Bittermandelaroma glatt verkneten. Den Teig in Folie einwickeln, flach drücken und 2 Stunden in den Kühlschrank legen.

Den Backofen auf 180 °C Ober- und Unterhitze vorheizen.

Den Teig zwischen zwei Stück Backpapier ca. 1/2 cm dick auswellen. Mit Plätzchenausstechern Formen ausstechen, mithilfe eines Buttermessers vorsichtig vom Untergrund lösen und auf ein mit Backpapier ausgelegtes Backblech legen.

Die Teigreste wieder zur Kugel formen und zwischen den Backpapieren erneut auswellen und mit Formen ausstechen. So lange weitermachen, bis der Teig komplett verarbeitet ist.

Die Plätzchen 6–8 Minuten backen, bis sie an den Kanten leicht gebräunt sind. Abkühlen lassen.

Die Schokolade im Wasserbad schmelzen. Eine Gabel in die Schokolade tauchen und Linien und Kleckse auf die Kekse träufeln. Kühl stellen und die Schokolade aushärten lassen.

FOOD FACT **JACKSON-POLLOCK-PLÄTZCHEN**

Diese Plätzchen habe ich nach dem amerikanischen Maler Jackson Pollock benannt, da mich ihre Art der Verzierung an seine Action Paintings erinnert, die er mit seinem berühmten »Drip-Painting-Verfahren« erschuf (»drip« heißt auf Englisch »tröpfeln«).

MINI-BOUNTY

Glutenfrei | Zeitaufwand: ca. 40 Minuten plus 30 Minuten Kühlzeit | Haltbarkeit: ca. 4 Wochen

Zutaten für ca. 20 Stück:

80 g Kokosraspel plus 1,5 TL zum Verzieren
40 g natives Kokosöl, geschmolzen
2 EL Ahornsirup, Grad A
1/2 EL frisch gepresster Zitronensaft
1/4 TL Salz
70 g Zartbitterschokolade (gekauft oder selbst gemacht, siehe S. 84)

Kokosraspel, Kokosöl, Ahornsirup, Zitronensaft und Salz in der Küchenmaschine oder im Häcksler leicht pürieren.

Einen flachen Teller mit Backpapier belegen. Teelöffelgroße Portionen der Masse entnehmen, in der Hand in eine ovale Form pressen und auf den Teller setzen. Circa 30 Minuten in den Tiefkühler stellen.

Die Schokolade im Wasserbad schmelzen. Die gefrorenen Kokosstücke aus dem Tiefkühler nehmen und rundum mit der Schokolade bestreichen. Auf ein mit Backpapier ausgelegtes Backblech setzen, mit Kokosraspel bestreuen und die Schokolade aushärten lassen.

FOOD PHARMACY **KOKOS**

Kokosprodukte schmecken nicht nur lecker nach Südsee, sondern sind in sämtlichen Formen – ob als Öl, Raspel, Milch, Wasser oder Butter – richtig gut für uns. Sie regen den Stoffwechsel an, schützen vor Bakterien und Pilzen und pflegen Magen und Darm durch ihren hohen Ballaststoffanteil.

MATCHATEE-KUGELN

Glutenfrei | Zeitaufwand: ca. 50 Minuten plus 1 Stunde Kühlzeit | Haltbarkeit: ca. 4 Wochen

Alle Zutaten außer der weißen Schokolade im Häcksler oder in der Küchenmaschine zu einer leicht stückigen Creme pürieren. 1 Stunde in den Kühlschrank stellen.

Teelöffelgroße Portionen der Masse entnehmen und mit den Händen zu Kugeln formen.

Die weiße Schokolade im Wasserbad schmelzen und mit 2/3 Teelöffel Matchateepulver glatt verrühren. Die Kugeln rundum mit Schokolade bestreichen. Wenn selbst gemachte Schokolade verwendet wird, die erste Schokoladenschicht im Kühlschrank fest werden lassen, dann die Oberfläche der Trüffel ein zweites Mal bestreichen, damit die Schicht dicker wird. Die Trüffel auf Backpapier aushärten lassen.

Bei Bedarf zum Servieren mit einer kleinen Menge Matchateepulver bestäuben. Luftdicht verschlossen im Kühlschrank aufbewahren.

Zutaten für ca. 32 Stück:

150 g Cashewkerne
50 g Kokosraspel
50 g Kakaobutter, geschmolzen
60 ml Ahornsirup, Grad A
1,5 TL Matchateepulver plus 2/3 TL zum Färben der Schokolade
abgeriebene Schale von 1 Bio-Zitrone
3 EL Zitronensaft
1/4 TL Salz
80 g weiße Schokolade (gekauft oder selbst gemacht, siehe S. 84)

FOOD PHARMACY **MATCHATEE**

Matchatee verbinden wir automatisch mit Japan, ursprünglich stammt er jedoch aus China und wurde in der Traditionellen Chinesischen Medizin schon früh als Heilmittel eingesetzt. Im Matchatee steckt eine Vielzahl heilsamer Wirkstoffe, doch die interessantesten sind die Catechine (sekundäre Pflanzenstoffe), die unsere Zellen 100-mal stärker vor freien Radikalen schützen als Vitamin C und 25-mal stärker als Vitamin E.

LEBKUCHEN-ENERGIEBÄLLCHEN

Glutenfrei | Zeitaufwand: ca. 30 Minuten plus 4 Stunden Kühlzeit | Haltbarkeit: ca. 4 Wochen

Die Medjool-Datteln entkernen und grob hacken. Zusammen mit den anderen Zutaten in der Küchenmaschine oder im Häcksler cremig pürieren. Zwischendurch die Masse mit einem Löffel von den Wänden der Maschine schaben, bis alles zu einer feinen Creme verarbeitet ist.

Die gemahlenen Mandeln und das Lebkuchengewürz zum Wälzen auf einen Teller geben und gut vermischen.

Teelöffelgroße Portionen der Masse entnehmen, zu Kugeln formen und in der Mandel-Gewürzmischung wälzen.

Die Kugeln in ein flaches Gefäß geben (nicht übereinanderschichten, da die Kugeln jetzt noch weich sind und nicht eingedrückt werden sollen) und mindestens 4 Stunden kühl stellen.

Die Energiekugeln in einem luftdicht verschlossenen Behälter im Kühlschrank aufbewahren.

Zutaten für ca. 30 Stück:

200 g Medjool-Datteln*
100 g gemahlene Mandeln plus 3 EL zum Wälzen
Abgeriebene Schale von 1 Bio-Zitrone
2 TL Lebkuchengewürz (siehe S. 87) plus 1,5 TL zum Wälzen
1/4 TL Salz
30 g natives Kokosöl, geschmolzen

* Bekommst du im türkischen Lebensmittelgeschäft oder im Bioladen.

MINI-TARTES-AU-CHOCOLAT

Glutenfrei | Zeitaufwand: ca. 50 Minuten plus 30 Minuten Kühlzeit | Haltbarkeit: ca. 2 Wochen

Alle Zutaten für den Teig glatt verkneten, in Folie wickeln, flach drücken und 30 Minuten in den Kühlschrank legen.

Den Backofen auf 180 °C Ober- und Unterhitze vorheizen.

Teigportionen in der Größe eines 3/4 Teelöffels entnehmen, zu Kugeln formen und in jeweils ein Pralinenförmchen aus Papier setzen. In die Mitte mit dem Zeigefinger eine kleine Kuhle drücken und einen Rand formen. Auf ein Backblech setzen und ca. 8 Minuten backen, bis der Teig leicht gebräunt ist.

Die Mini-Tartes aus dem Ofen nehmen und kurz abkühlen lassen. Dann mit dem Zeigefinger die Kuhlen der Tartes verstärken. Komplett abkühlen lassen.

Für die Schokofüllung alle Zutaten außer dem Fleur de Sel in einem Topf erhitzen, bis das Kokosöl geschmolzen ist. Glatt vermischen. Die Schokofüllung mithilfe eines Teelöffels in die Mini-Tartes füllen. Mit einer Prise Fleur de Sel bestreuen. Die Schokolade komplett aushärten lassen. Luftdicht verschlossen in einem kühlen Raum aufbewahren.

Zutaten für ca. 18 Stück:

Für den Teig:
60 g Mandelmehl
1 Prise Salz
30 g natives Kokosöl, streichfähig bei Zimmertemperatur
2 EL Ahornsirup, Grad A

Für die Schokofüllung:
25 g natives Kokosöl
10 g ungesüßtes Kakaopulver
1 EL Ahornsirup, Grad A
1/2 TL Fleur de Sel zum Bestreuen

TAHINI-KEKSE

Glutenfrei | Zeitaufwand: ca. 50 Minuten plus 1 Stunde Kühlzeit | Haltbarkeit: ca. 3 Wochen

Zutaten für ca. 26 Stück:

Für die Füllung:
80 g natives Kokosöl, streichfähig bei Zimmertemperatur
2 EL Tahini (Mus von geröstetem Sesam)
1 EL ungesüßtes Kakaopulver
5 TL Birkenpuderzucker (siehe S. 87)

Für den Keksteig:
120 g Buchweizenmehl
40 g gemahlene Mandeln
100 g Tahini (Mus von geröstetem Sesam)
100 ml Ahornsirup, Grad A
40 g natives Kokosöl, streichfähig bei Zimmertemperatur
1/4 TL Salz

Zum Bestreuen:
1,5 TL Sesam

Für die Füllung Kokosöl mit den übrigen Zutaten glatt vermischen und bis zur Verwendung ca. 20 Minuten kalt stellen.

Den Backofen auf 180 °C Ober- und Unterhitze vorheizen.

Alle Zutaten für den Keksteig zuerst mit einem Löffel, dann mit den Händen glatt vermengen.

Ein Backblech mit Backpapier auslegen. Teigportionen in der Größe eines 1/2 Teelöffels entnehmen, zu Kugeln formen, auf das Backblech setzen und flach drücken. Darauf achten, dass die Kekse alle ungefähr den gleichen Durchmesser haben. Jeden zweiten Keks mit Sesam bestreuen.

Die Kekse ca. 8–9 Minuten auf mittlerer Schiene backen. Komplett abkühlen lassen.

Portionen in der Größe eines 1/2 Teelöffels von der Füllung entnehmen und mit einem Buttermesser auf einer Kekshälfte ohne Sesam verstreichen. Die zweite, mit Sesam bestreute Kekshälfte darauf setzen.

Die Kekse ca. 1 Stunde kühl stellen. An einem kühlen Ort luftdicht verschlossen aufbewahren.

CITRONELLI

Glutenfrei | Zeitaufwand: ca. 45 Minuten plus 1,5 Stunden Kühlzeit | Haltbarkeit: ca. 5 Tage

Alle Zutaten für den Keksteig mit den Händen glatt verkneten. Den Teig in Folie einwickeln, flach drücken und 1,5 Stunden in den Kühlschrank legen.

Den Backofen auf 180 °C Ober- und Unterhitze vorheizen.

Ein Backblech mit Backpapier auslegen. Teelöffelgroße Portionen des Teigs entnehmen, zu Kugeln rollen, aufs Backpapier setzen und zu Zitronen formen. In die Mitte mit dem Zeigefinger eine Kuhle drücken. Dort wird später die Zitronencreme eingefüllt. 8–10 Minuten backen, bis die Kekse leicht gebräunt sind. Die Kekse aus dem Ofen nehmen, die Kuhlen mit dem Finger nochmals vertiefen, dann komplett abkühlen lassen.

Für die Zitronencreme alle Zutaten glatt vermischen. In einen sauberen Plastikbeutel füllen, eine Ecke des Beutels mit der Schere abschneiden und mit diesem selbst gemachten Spritzbeutel die Zitronencreme in die Kuhlen der Kekse füllen.

Die Citronelli in einem luftdicht verschlossenen Behälter bei Zimmertemperatur aufbewahren.

Zutaten für ca. 40 Stück:

Für den Keksteig:
100 g gemahlene Mandeln
50 g Buchweizenmehl
1/4 TL Salz
60 ml Ahornsirup, Grad A
60 g natives Kokosöl, streichfähig bei Zimmertemperatur

Für die Zitronencreme:
60 g natives Kokosöl, streichfähig bei Zimmertemperatur
2 EL weißes Mandelmus
4 TL Birkenpuderzucker (siehe S. 87)
abgeriebene Schale von 1 Bio-Zitrone
4 TL frisch gepresster Zitronensaft
1/4 TL Kurkuma

WELLCUISINE-TIPP: Die Kekse halten sich länger, wenn sie nicht mit Creme befüllt sind. Dann erst kurz vor dem Verzehr mit der Creme füllen.

AFTER-EIGHT-KEKSE

Glutenfrei | Zeitaufwand: ca. 1 Stunde plus 1 Stunde Kühlzeit | Haltbarkeit: ca. 3 Wochen

Zutaten für ca. 26 Stück:

Für die Füllung:
80 g natives Kokosöl, streichfähig bei Zimmertemperatur
2 EL weißes Mandelmus
4 TL Birkenpuderzucker (siehe S. 87)
ca. 10 Tropfen Pfefferminzöl in Lebensmittelqualität*

Für den Keksteig:
100 g Buchweizenmehl
40 g gemahlene Mandeln
30 g ungesüßtes Kakaopulver
60 ml Ahornsirup, Grad A
80 g natives Kokosöl, streichfähig bei Zimmertemperatur
1/4 TL Salz

Für die Glasur:
20 g Zartbitterschokolade (gekauft oder selbst gemacht, siehe S. 84)

* Zum Beispiel von der Firma Baldini, bestellbar in der Apotheke

Für die Füllung alle Zutaten glatt vermischen und bis zur Verwendung ca. 20 Minuten kalt stellen.

Den Backofen auf 180 °C Ober- und Unterhitze vorheizen.

Alle Zutaten für den Keksteig zuerst mit einem Löffel, dann mit den Händen glatt vermengen. Ein Backblech mit Backpapier auslegen. Teigportionen in der Größe eines 1/2 Teelöffels entnehmen, zu Kugeln formen, auf das Backblech setzen und flach drücken. Darauf achten, dass die Kekse alle ungefähr den gleichen Durchmesser haben.

Die Kekse ca. 8–9 Minuten auf mittlerer Schiene backen. Komplett abkühlen lassen.

Portionen in der Größe eines 1/2 Teelöffels von der Füllung entnehmen und mit einem Buttermesser auf einer Kekshälfte verstreichen. Eine zweite Kekshälfte darauf setzen.

Für die Glasur die Zartbitterschokolade im Wasserbad schmelzen. Mit einem Pinsel die obere Kekshälfte mit Schokolade bestreichen. Circa 1 Stunde kühl stellen. An einem kühlen Ort luftdicht verschlossen aufbewahren.

WELLCUISINE-TIPP: Ohne das Pfefferminzöl werden die After-Eight-Kekse zu gesunden Oreo-Keksen.

SESAM-KARAMELL

Glutenfrei | Zeitaufwand: ca. 20 Minuten plus 45 Minuten Kühlzeit | Haltbarkeit: ca. 4 Wochen

Den Sesam in einer Pfanne ohne Fett anrösten. Mit den gemahlenen Mandeln und der Tapiokastärke in einer Schüssel vermischen und beiseitestellen.

Kokosblütenzucker, Ahornsirup, Tahini, Zitronensaft, Zimt und Salz in einen Topf geben und unter Rühren erhitzen, bis sich der Kokosblütenzucker aufgelöst hat. Die Hitze reduzieren, die trockenen Zutaten hinzufügen und unter Rühren ca. 1 Minute leise köcheln lassen, bis die Konsistenz zähflüssig wird.

Ein Backblech mit Backpapier auslegen, die Masse darauf geben, mit einem zweiten Backpapier abdecken und mit einem Wellholz ca. 1 cm dick auswellen. Im Kühlschrank 45 Minuten abkühlen lassen. Erst dann das obere Backpapier abziehen und den Karamell mit einem scharfen Messer in kleine Rechtecke schneiden. Bei Bedarf einzeln in Butterbrotpapier einwickeln. Luftdicht verschlossen und kühl aufbewahren.

Zutaten für ca. 28 Stück:

100 g Sesam
40 g gemahlene Mandeln
20 g Tapiokastärke
60 g Kokosblütenzucker
100 ml Ahornsirup, Grad A
120 g Tahini (Mus von geröstetem Sesam)
1 EL Zitronensaft
2 TL Zimt
3/4 TL Salz

FOOD PHARMACY **SESAM**

Wenn wir in der Weihnachtszeit mit Süßigkeiten und Glühwein über die Stränge geschlagen haben, braucht unser Körper Mineralstoffe, die die entstehende Säure neutralisieren. Deshalb ist es jetzt besonders hilfreich, Lebensmittel mit hohem Mineralstoffanteil zu essen. Und genau hier kommt der kleine Sesam ins Spiel. Er enthält sechsmal mehr Calcium als Kuhmilch und hat ein optimales Calcium-Magnesium-Verhältnis, das der Körper braucht, um beide Stoffe gut aufzunehmen.

BREZELKUGELN

Optional glutenfrei | Zeitaufwand: ca. 1 Stunde | Haltbarkeit: ca. 4 Wochen

Zutaten für ca. 28 Stück:

120 g Medjool-Datteln*
60 g gesalzene Erdnussbutter
50 g gemahlene Mandeln
35 g Dinkel-Minisalzbrezeln (alternativ: glutenfreie Minisalzbrezeln)
50 g Zartbitterschokolade (gekauft oder selbst gemacht, siehe S. 84)

* Bekommst du im türkischen Lebensmittelgeschäft oder im Bioladen

Medjool-Datteln entkernen, grob hacken und zusammen mit Erdnussbutter und gemahlenen Mandeln in der Küchenmaschine oder im Häcksler pürieren. Sind die Datteln sehr trocken, dann vor der Verwendung 10 Minuten in heißem Wasser einweichen und erst dann entkernen und weiterverarbeiten.

Die Dinkel-Minibrezeln in kleine Stücke hacken. 25 g davon abwiegen und unter die Teigmasse kneten. Den Rest für später beiseitestellen.

Teelöffelgroße Portionen des Teigs entnehmen und zu Kugeln formen.

Die Schokolade im Wasserbad schmelzen. Ein Backblech mit Backpapier auslegen.

Die Teigkugeln mithilfe eines Pinsels rundum mit Schokolade bestreichen. Auf das mit Backpapier ausgelegte Backblech setzen, mit den übrigen gehackten Minisalzbrezeln bestreuen und komplett aushärten lassen.

Die Kugeln in einem luftdicht verschlossenen Behälter kühl aufbewahren.

Helden der Stunde

Plätzchen backen macht Freude, und wir könnten ganze Sonntage damit verbringen. Wenn es aber schnell gehen muss, sind diese Rezepte unsere Helden der Stunde und in weniger als 60 Minuten fertig.

ROHE HASELNUSSKEKSE

Glutenfrei | Zeitaufwand: ca. 50 Minuten | Haltbarkeit: ca. 3 Wochen

Zutaten für ca. 32 Stück:

Für den Keksteig:
180 g Medjool-Datteln*
80 g gemahlene Haselnüsse plus 5 EL zum Bestäuben
30 g ungesüßtes Kakaopulver
1/2 TL Salz
30 g natives Kokosöl, geschmolzen

Für die Füllung:
50 g ungesüßtes Haselnussmus
½ EL ungesüßtes Kakaopulver
1 EL Ahornsirup, Grad A
2 EL ungesüßte Mandelmilch
1 Prise Salz

* Bekommst du im türkischen Lebensmittelgeschäft oder im Bioladen

Die Medjool-Datteln für den Keksteig entkernen und grob hacken. Zusammen mit den anderen Zutaten in der Küchenmaschine oder im Häcksler cremig pürieren. Zwischendurch die Masse mit einem Löffel von den Wänden der Maschine schaben, bis alles zu einer feinen Creme verarbeitet ist.

Für die Füllung alle Zutaten in einer Schüssel glatt verrühren.

Die gemahlenen Haselnüsse zum Bestäuben auf einen Teller geben. Teelöffelgroße Portionen des Keksteigs entnehmen, zu Kugeln formen und in den gemahlenen Haselnüssen wälzen.

Die Kugeln auf einen flachen Teller oder auf ein Backblech setzen und mit dem Zeigefinger eine Kuhle in die Mitte jeder Kugel drücken.

Mithilfe eines Teelöffels die Füllung gleichmäßig auf die Kuhlen der Kekse verteilen (je Kuhle ca. 1/4 TL).

Die Kekse in einem luftdicht verschlossenen Behälter im Kühlschrank aufbewahren.

FOOD PHARMACY **HASELNÜSSE**

Im Weihnachtsstress das Geschenk für die Schwiegermutter vergessen? Dann iss mehr Haselnüsse! Haselnüsse helfen der Gedächtnisleistung und unterstützen deine Konzentration. Es ist schließlich kein Zufall, dass die Haselnuss in beinahe jeder Studentenfuttermischung zu finden ist. Das reichlich enthaltene Lecithin, hochwertiges Eiweiß, mehrfach ungesättigte Fettsäuren und wertvolle Vitamine und Mineralstoffe machen die Haselnuss zum Lieblingsfutter deiner Gehirnzellen.

SNICKERDOODLES

Glutenfrei | Zeitaufwand: ca. 30 Minuten | Haltbarkeit: ca. 3 Wochen

Den Backofen auf 180 °C Ober- und Unterhitze vorheizen.

Alle Zutaten für den Teig in einer Schüssel glatt vermischen.

Die Zutaten zum Wälzen auf einem flachen Teller miteinander vermischen.

Teelöffelgroße Portionen des Teigs entnehmen, zu Kugeln formen, in der Zucker- und Zimtmischung wälzen, auf ein mit Backpapier ausgelegtes Backblech legen und zu 1 cm dicken Keksen flach drücken. Die Überreste der Zucker-Zimt-Mischung gleichmäßig auf den Keksoberflächen verteilen.

Die Plätzchen 10 Minuten auf mittlerer Schiene backen.

Zutaten für ca. 36 Stück:

Für den Teig:
200 g Mandelmehl
1/2 TL Salz
100 g natives Kokosöl, streichfähig bei Zimmertemperatur
120 ml Ahornsirup, Grad A
1 TL Bourbonvanille

Zum Wälzen:
3 EL Kokosblütenzucker
4 TL Zimt

FOOD FACT **SNICKERDOODLE**

Snickerdoodles sind in den USA und Kanada genauso bekannt wie bei uns Zimtsterne oder Vanillekipferl. Es handelt sich dabei um einen schlichten Keks, der in Zucker und Zimt gewälzt und dann gebacken wird. Seinen eigenartigen Namen erklärt sich das amerikanische Backbuch »Joy of Cooking« so, dass der vermutlich von einem deutschen Bäcker stammende Snickerdoodle vom Wort »Schneckennudel« abstammt und mit der Zeit verkauderwelscht wurde.

ESPRESSO-COOKIES

Glutenfrei | Zeitaufwand: ca. 45 Minuten | Haltbarkeit: ca. 3 Wochen

Zutaten für ca. 22 Stück:

100 g Haselnüsse
160 g Buchweizenmehl
60 g Kokosblütenzucker
2 TL fein gemahlenes Espressopulver
1/2 TL Salz
100 g natives Kokosöl, streichfähig bei Zimmertemperatur
2 EL Ahornsirup, Grad A
4 EL Wasser
80 g Zartbitterschokolade, gehackt (gekauft oder selbst gemacht, siehe S. 84)

Den Backofen auf 180 °C Ober- und Unterhitze vorheizen.

Haselnüsse in einer Pfanne ohne Fett anrösten. Auf ein sauberes Küchentuch geben und die Schale abrubbeln. 60 g der Nüsse abwiegen und im Häcksler oder in der Küchenmaschine fein mahlen. Den Rest grob hacken.

Die gemahlenen und gehackten Nüsse mit Buchweizenmehl, Kokosblütenzucker, Espressopulver, Salz, Kokosöl, Ahornsirup, Wasser und gehackter Schokolade vermischen.

Ein Backblech mit Backpapier auslegen. Portionen in Größe eines 3/4 Esslöffels vom Teig entnehmen, zu Kugeln formen, aufs Backblech setzen und flach drücken.

Die Cookies 10–12 Minuten auf mittlerer Schiene backen. Aus dem Ofen nehmen und komplett abkühlen lassen.

FOOD PHARMACY **CRANBERRYS**

Die etwa 2 cm großen prallen Früchte der »Kranichbeere« wachsen vor allem in Nordamerika und Kanada. Schon vor über 300 Jahren schätzten die Indianer ihre heilende Wirkung, denn ihre sekundären Pflanzenstoffe verhindern, dass sich schädliche Bakterien im Körper ansiedeln können. Deshalb wirken Cranberrys auch vorbeugend und heilend bei Entzündungen der Blase und des Magen-Darm-Systems.

WEIHNACHTS-MADELEINES

Optional glutenfrei | Zeitaufwand: ca. 35 Minuten | Haltbarkeit: ca. 3 Tage

Den Backofen auf 180 °C Ober- und Unterhitze vorheizen.

Alle Zutaten für den Teig in einer Schüssel glatt vermischen.

Eine Madeleine-Backform mit Kokosöl ausreiben (außer es handelt sich um eine Silikonform, dann nur kurz mit Wasser ausspülen). Die Madeleine-Mulden vollständig mit Teig befüllen.

Etwa 15 Minuten backen (die Backzeit kann je nach Größe der Mulden etwas variieren).

Wenn die Madeleines an der Oberfläche leicht gebräunt sind, aus dem Ofen nehmen. Etwa 15 Minuten in der Form abkühlen lassen, dann vorsichtig aus den Mulden lösen und auf einem Kuchengitter vollständig abkühlen lassen.

Kurz vor dem Servieren etwas Birkenpuderzucker über die Madeleines stäuben.

Zutaten für 24 Stück:

Für den Teig:

100 g Dinkelmehl, Type 1050 (alternativ: meine glutenfreie Mehlmischung, siehe S. 87)
50 g gemahlene Haselnüsse
40 g getrocknete Cranberrys, grob gehackt
2 TL Weinstein-Backpulver
2 TL Zimt
1 Prise Muskat
1/3 TL Salz
80 g natives Kokosöl, geschmolzen (plus etwas mehr für die Form)
150 g ungesüßtes Apfelmus
60 ml Ahornsirup, Grad A
2 EL Zitronensaft
abgeriebene Schale von 1 Bio-Orange
1 TL Bio-Orangenöl*

Zum Bestäuben:

Birkenpuderzucker (siehe S. 87)

* Wird in kleinen Röhrchen in der Backabteilung im Bioladen verkauft

WELLCUISINE-TIPP: Die Madeleines können auch gut tiefgefroren und nach dem Auftauen kurz im Ofen aufgebacken werden.

POPCORN-PLÄTZCHEN

Glutenfrei | Zeitaufwand: ca. 45 Minuten | Haltbarkeit: ca. 3 Wochen

Zutaten für ca. 32 Stück:

40 g natives Kokosöl plus 1 EL für die Pfanne
100 g Popcornmais
100 ml Ahornsirup, Grad A
1 TL Lebkuchengewürz (siehe S. 87)
1 TL Zimt
1 TL Salz
80 g blanchierte Mandelblättchen

Den Backofen auf 180 °C vorheizen.

In einer tiefen Pfanne mit passendem Deckel 1 Esslöffel Kokosöl erhitzen. Den Popcornmais hinzufügen, die Hitze etwas reduzieren, den Deckel aufsetzen und zwischendurch rütteln, damit nichts anbrennt. Nach ca. 5 Minuten sollten die ersten Poppgeräusche zu hören sein. Weiterhin ab und zu rütteln und kontrollieren, dass nichts anbrennt. Wenn nur noch vereinzelte Poppgeräusche zu hören sind, das fertige Popcorn vom Herd nehmen. In eine Schüssel füllen und darauf achten, dass ungepoppte Körner aussortiert werden.

In einem kleinen Topf Kokosöl, Ahornsirup, Lebkuchengewürz, Zimt und Salz vermischen. Unter Rühren aufkochen lassen, die Hitze reduzieren und weitere 3 Minuten unter Rühren köcheln lassen, bis eine karamellartige Konsistenz entsteht.

Die Mandelblättchen mit dem Popcorn vermischen, die Karamellmischung zügig hinzufügen und mit einem Löffel glatt vermischen.

Ein Backblech mit Papier-Muffinförmchen auslegen und je Förmchen ca. 1,5 Esslöffel der Masse einfüllen. Mit leicht befeuchteten Händen etwas zusammendrücken. 6–8 Minuten auf mittlerer Schiene backen. Komplett abkühlen lassen.

MINI-BANANA-BREADS

Glutenfrei | Zeitaufwand: ca. 40 Minuten | Haltbarkeit: ca. 5 Tage

Zutaten für 20 Stück:

60 g Mandelmus, ungesüßt
1 reife Banane (ca. 100 g Fruchtfleisch), geschält und zu Mus zerdrückt
2 EL Buchweizenmehl
3 EL geschrotete Leinsamen
1 TL Zimt
1/2 TL Weinstein-Backpulver
1/4 TL Salz
60 g gehackte Mandeln*
25 g Kokosblütenzucker
10 Walnusshälften
ca. 1 EL Tapiokastärke

* Kann man genauso kaufen. Alternativ blanchierte Mandeln gleichmäßig fein hacken.

Den Backofen auf 180 °C Ober- und Unterhitze vorheizen.

Mandelmus, zerdrückte Banane, Buchweizenmehl, geschrotete Leinsamen, Zimt, Backpulver, Salz, gehackte Mandeln und Kokosblütenzucker glatt vermischen. Den Teig 10 Minuten ruhen lassen, damit die Leinsamen ihre bindende Wirkung entfalten können.

Die Walnusshälften der Länge nach halbieren.

Ein Backblech mit Backpapier auslegen und fein mit Tapiokastärke bestreuen. So lassen sich die kleinen Brote später besser vom Untergrund lösen.

Teelöffelgroße Portionen des Teigs entnehmen und aufs Backpapier setzen. Der Teig ist jetzt sehr klebrig. Mit dem Löffel und den angefeuchteten Händen etwas in Form bringen. Ein Walnussviertel auf die Oberfläche setzen und leicht eindrücken.

Circa 12 Minuten backen, bis der Teig an den Rändern leicht gebräunt ist.

WELLCUISINE-TIPP: Die Mini-Banana-Breads können auch gut tiefgefroren werden. Zum Auftauen die Oberfläche leicht befeuchten und bei 180 Grad im Backofen kurz aufbacken.

ORANGE-MOHN-HAFERCOOKIES

Optional glutenfrei | Zeitaufwand: ca. 40 Minuten | Haltbarkeit: ca. 2 Wochen

Für ca. 20 Stück:

160 g Haferflocken, Kleinblatt (bei Bedarf glutenfrei)
80 g Vollkornreismehl
2 EL Mohn
abgeriebene Schale von 2 Bio-Orangen
1 TL Orangenöl *
1/2 TL Salz
140 g natives Kokosöl, streichfähig bei Zimmertemperatur
120 ml Ahornsirup, Grad A
100 g ungesüßtes Apfelmus
60 g getrocknete Cranberrys

* Wird in kleinen Röhrchen in der Backabteilung im Bioladen verkauft

Den Backofen auf 180 °C Ober- und Unterhitze vorheizen.

Alle Zutaten zu einem glatten Teig vermischen.

Ein Backblech mit Backpapier auslegen. Esslöffelgroße Portionen des Keksteigs entnehmen, aufs Backpapier setzen und mit leicht befeuchteten Händen so rund und flach wie möglich pressen.

Die Kekse ca. 15–17 Minuten backen, bis sie an den Rändern gebräunt sind. Der Teig ist jetzt noch weich, härtet aber später nach. Aus dem Ofen nehmen und komplett abkühlen lassen.

In einem luftdicht verschlossenen Behälter bei Raumtemperatur aufbewahren.

FOOD PHARMACY **ORANGENÖL**

Orangenöl wird aus der Rinde der Orange gewonnen und ist außer Zitronenöl eins meiner liebsten Aromen für süße Backwaren. Gerade in der Winterzeit tun sein Geschmack, sein Geruch und seine Wirkstoffe einfach gut, denn Orangenöl wirkt stimmungsaufhellend, krampflösend und verhilft zu einem erholsamen Schönheitsschlaf.

Basics

Eine gute Basis ist der Anfang jeder leckeren Süßigkeit. Mit selbst gemachter Schokolade, Birkenpuderzucker oder Lebkuchengewürz schmeckt jedes Plätzchen gleich doppelt so gut.

ZARTBITTERSCHOKOLADE

Glutenfrei | Zeitaufwand: ca. 15 Minuten plus 1 Stunde Kühlzeit

Zutaten für ca. 150 g Schokolade:

70 g Kakaobutter
50 g weißes Mandelmus
2 EL rohes Kakaopulver, ungesüßt
2 EL Ahornsirup, Grad A (alternativ: Birkenpuderzucker, siehe S. 87)
1 Prise Salz

Die Kakaobutter im Wasserbad schmelzen. Mit den übrigen Zutaten klümpchenfrei vermischen. Auf ein mit Backpapier ausgelegtes Backblech gießen und ca. 1 Stunde zum Aushärten in den Kühlschrank stellen.

Die Schokolade in Stücke brechen und in einem luftdicht verschlossenen Behälter im Kühlschrank aufbewahren.

WEISSE SCHOKOLADE

Glutenfrei | Zeitaufwand: ca. 15 Minuten plus 1 Stunde Kühlzeit

Zutaten für ca. 140 g Schokolade:

70 g Kakaobutter
70 g weißes Mandelmus
1,5 EL Birkenpuderzucker, siehe S. 87 (alternativ: 1,5 EL Ahornsirup, Grad A)
1 Prise Salz

Die Kakaobutter im Wasserbad schmelzen. Mit den übrigen Zutaten klümpchenfrei vermischen. Auf ein mit Backpapier ausgelegtes Backblech gießen und ca. 1 Stunde zum Aushärten in den Kühlschrank stellen.

Die Schokolade in Stücke brechen und in einem luftdicht verschlossenen Behälter im Kühlschrank aufbewahren.

WELLCUISINE-TIPP: Wenn du die Schokolade als Guss benutzt, dann lass sie nach dem Schmelzen im Wasserbad wieder etwas abkühlen. So wird sie dickflüssiger und lässt sich leichter verarbeiten.

GLUTENFREIE MEHLMISCHUNG

Glutenfrei | Zeitaufwand: ca. 5 Minuten

Alle Zutaten mit einem Schneebesen oder in der Küchenmaschine sorgfältig miteinander vermischen.

Zutaten für 550 g:

150 g Vollkornreismehl
100 g Buchweizenmehl
100 g Maismehl
150 g Kartoffelstärke
50 g Maisstärke

LEBKUCHENGEWÜRZ

Glutenfrei | Zeitaufwand: ca. 5 Minuten

Alle Zutaten miteinander in ein Schraubglas geben. Bei geschlossenem Deckel kräftig schütteln, sodass sich die Gewürze gut vermischen.

Zutaten für ca. 30 g:

4 TL gemahlener Zimt
2 TL gemahlener Kardamom
2 TL gemahlener Koriander
2 TL gemahlener Ingwer
1 TL gemahlene Nelken

BIRKENPUDERZUCKER

Glutenfrei | Zeitaufwand: ca. 3 Minuten

Den Birkenzucker im Häcksler oder in der Küchenmaschine zu Puderzucker mahlen (dauert ca. 1 Minute) und in ein sauberes Schraubglas füllen.

Zutaten für 100 g:

100 g Birkenzucker (Xylit)

VEGANE KEKSGLASUR

Glutenfrei | Zeitaufwand: ca. 10 Minuten

Zutaten für 1 Portion:

50 g Birkenzucker (Xylit)
die Flüssigkeit von einem 660-g-Glas vorgekochten Kichererbsen (ergibt ca. 120 g Aquafaba)

Den Birkenzucker im Häcksler oder in der Küchenmaschine zu Puderzucker verarbeiten. Beiseitestellen.

Die Kichererbsenflüssigkeit (Aquafaba) in eine hohe Schüssel geben und mit dem Handrührgerät ca. 3 Minuten zu einem festen, weißen Schaum (ähnlich wie Eischnee) verarbeiten. 10 g vom fertig geschlagenen Aquafaba abwiegen, den Rest entsorgen (eine kleinere Menge Aquafaba kann man nur schwer steif schlagen).

Den Birkenpuderzucker hinzufügen und mit dem Handrührgerät glatt vermischen.

Die Glasur kann vollflächig oder partiell auf die Kekse aufgetragen werden. Sie sollte am besten über Nacht trocknen. Die Kekse auch danach am besten nicht übereinander stapeln, da die Glasur empfindlich ist. Die Glasur kann nach ca. 2 Wochen etwas verblassen.

WELLCUISINE-TIPP: Die Glasur kann mithilfe von Frucht- und Pflanzenpulvern (zum Beispiel Himbeer, Blaubeer oder Spirulina) eingefärbt werden. Frucht- und Pflanzenpulver gibt es zum Beispiel in gut sortierten Reformhäusern oder online.

REZEPTVERZEICHNIS

NOSTALGIKER

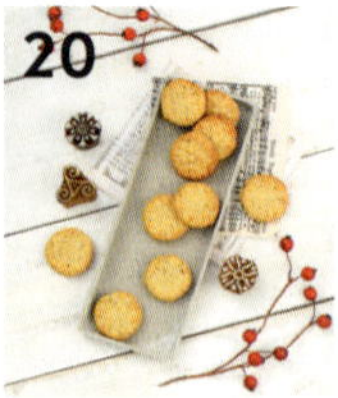

PARADIESVÖGEL

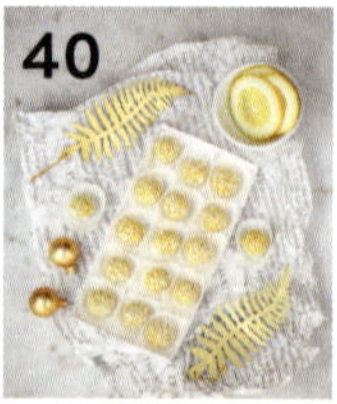

HELDEN DER STUNDE

BASICS

AUTORIN UND FOTOGRAF

STEFANIE REEB

Stefanie Reeb ist leidenschaftliche Köchin, Foodbloggerin und Ernährungsberaterin. Wegen zahlreicher Lebensmittelunverträglichkeiten in ihrer Jugend beschäftigte sie sich schon früh mit gesunder Ernährung und entwickelt seitdem leckere Rezepte ohne weißen Zucker, Weizen und Kuhmilch. In ihrem Ernährungs- und Lifestylekonzept »Wellcuisine« verbindet sie ihr fundiertes Wissen und ihre Leidenschaft für gutes Essen zu einer neuen, umfassenden Sicht auf Ernährung und Gesundheit. Auf ihrem Foodblog **www.wellcuisine.net** veröffentlicht sie wöchentlich gesunde und leckere Rezepte und Wellnesstipps. In ihren Büchern schreibt sie über eine natürliche Ernährung mit einer Extraportion Genuss.

THOMAS LEININGER

Thomas wurde im Südschwarzwald geboren, ist Diplom-Fotodesigner und seit 1996 selbstständig. Er ist Sohn eines Imkers und war Barkeeper, Schichtarbeiter und Zeitungsredakteur, bevor er als Fotograf bekannt wurde und zahlreiche Preise gewann. Die Lust zu entdecken und die Suche nach wahrer Schönheit prägen seine Arbeit – in Bildern, die berühren und Freude machen.
www.leiningerfotografie.de

WEITERE PUBLIKATIONEN VON STEFANIE REEB UND THOMAS LEININGER BEI KNAUR BALANCE UND KNAUR TASCHENBUCH:

Süß&Gesund Weihnachten

Süß&Gesund – Backen ohne Zucker, Laktose, Eier und Weizen

Schön&Gesund – Rezepte und Beauty-Tipps für strahlendes Aussehen

Wellcuisine – Genießen, was gesund und glücklich macht

Ich, Lilly – Vom Glück, ein Hund zu sein, und was meine Menschen von mir lernen können

LOVE

Besuchen Sie uns im Internet:
www.knaur-balance.de

MIX
Papier aus verantwortungsvollen Quellen
FSC® C004592
www.fsc.org

Originalausgabe 2018

Covergestaltung: Stefanie Reeb
Coverabbildung: Thomas Leininger
Design: Stefanie Reeb
Fotografien: Thomas Leininger
Redaktion: Olivia Baerend
Layout und Satz: Stefanie Reeb
Druck und Bindung: APPL, aprinta Druck, Wemding
Printed in Germany
ISBN 978-3-426-67569-4

5 4 3 2 1

NOEL